Demorará menos de 15 minutos preparar um bom Petit Gâteau e satisfazer sua paixão pelos doces. Será tão estimulante como dormir uma noite de muito sono em um travesseiro de penas.

Demorará menos de 15 minutos sentir derreter o chocolate e o caramelo em sua boca. Deixe-se invadir pelo prazer natural, por um momento de pura volúpia.

Todas estas receitas são fáceis de realizar, requerem de pouco tempo de preparo e, às vezes, um pouco de repouso. Surpreendem, relaxam, satisfazem, derretem, divertem, vivem!

Petit Gâteau
e outros bolinhos doces e cremosos

Paul Simon
Fotos de Akiko Ida
Desenho de Stéphanie Huré

ATENÇÃO: COZINHA DELICADA!
Como todos os bolos, o cozimento dos *Petits Gâteaux* é muito delicado; a temperatura do forno nem sempre é confiável e pode variar bastante de um modelo de forno de convecção para um tradicional ou à gás. A maioria das receitas foram feitas com moldes de aço inoxidável de 7 cm de diâmetro e de 4,5 cm de altura; o tamanho dos moldes ou dos cortantes podem modificar os tempos de cozimento e a textura dos bolos.

Índice

Índice 2
O material 4
Personalize os *Petits Gâteaux* 6

OS BÁSICOS

O verdadeiro *Petit Gâteau* de chocolate preto 8
4 variações sobre o *Petit Gâteau* de chocolate 10
Petit Gâteau de chocolate ao leite 12
4 variações sobre o *Petit Gâteau* de chocolate ao leite .14
Petit Gâteau de chocolate branco 16
4 variações sobre o *Petit Gâteau* de chocolate branco ..18
Petit Gâteau de caramelo.. 20
Petit Gâteau de pistache com recheio de marzipã 22
Petit Gâteau de castanha 24
Petit Gâteau de amêndoa... 26

RECHEIOS DE CREME DE CHOCOLATE (GANACHE)

Recheio de ganache 28
Petit Gâteau de chocolate preto com recheio
de laranja 30
Petit Gâteau de chocolate ao leite com recheio
de Carambar 32
Petit Gâteau de chocolate preto com recheio
de baunilha 34
Petit Gâteau de chocolate preto com
recheio de café... 36
Petit Gâteau de chocolate preto com recheio
de framboesa 38

Petit Gâteau de framboesa com recheio
de chocolate preto 40
Petit Gâteau de chocobaunilha com recheio de
chocolate ao leite 42
Petit Gâteau de chocolate preto com
recheio de pistache 44
Petit Gâteau de chocomenta 46
Petit Gâteau de castanhas com recheio de avelã 48
Petit Gâteau de avelã com recheio de biscoito 50
Petit Gâteau de laranja com recheio de
Grand Marnier... 52
Petit Gâteau de gengibre com recheio de manga 54

RECHEIOS DE FRUTA

Recheio de fruta... 56
Bolinhos com recheio de fruta 58
Petit Gâteau de coco com recheio exótico................. 60
Petit Gâteau clafoutis com recheio de cereja 62
Muffins de pera com recheio de figo......................... 64
Muffins tipo torta de limão...................................... 66

PARA ACOMPANHAR

Os cremes ingleses 68
Os chantillys e as caldas 70

O material

Para o cozimento

As forminhas circulares
Forminhas redondas, quadradas ou em forma de coração são muito práticas para cozinhar os *Petits Gâteaux* individuais. Basta forrá-las com papel manteiga e colocá-las em um tabuleiro (ainda com o papel manteiga). Descasque-os com a ajuda de uma espátula de metal e remova a forminha: desmoldagem perfeita!

Os moldes de alumínio e as forminhas de papel
São igualmente muito úteis: os moldes de alumínio untados de manteiga e peneirados de farinha são muito fáceis para manipular; as forminhas de papel permitem evitar a desmoldagem e são decorativas: ideais para o seu piquenique.

Os tabuleiros de moldes de silicone
Podem ser encontrados de todas as formas. Porém, não são jamais adaptados para o cozimento de *Petits Gâteaux*, pois em um molde de seis, sua manipulação é delicada. Para os recheios bem moles, há riscos de tornar a tarefa difícil. Utilize papel manteiga nos fundos dos moldes para não perder sequer uma migalha.

Para os recheios

Um recipiente semiesférico de silicone será seu melhor aliado para preparar os recheios de ganache (veja página 28). Você pode igualmente variar as formas ou utilizar moldes em cubo.

Personalize os Petits Gâteaux

As receitas básicas que vocês encontrarão nas páginas seguintes são suficientes para satisfazer a sua procura. Mas a confeitaria oferece hoje uma gama de produtos que podem ser utilizados em uma doceria.

Não hesite, tire das prateleiras barras de chocolate, bombons, pastas, geleias, outros chocolates, pralinas e iguarias.

Se acrescentar um pedaço de um ingrediente ou algumas colheradas de outro transformará seus *Petits Gâteaux* em verdadeiras sobremesas surpresas: o máximo de efeito para o mínimo de esforço...

Deixe fluir a sua imaginação: centenas de combinações se oferecem a você!

PARA 4 PETITS GÂTEAUX • PREPARAÇÃO DE 10 MINUTOS • COZIMENTO DE 6 A 7 MINUTOS

O verdadeiro Petit Gâteau de chocolate preto

140 g de chocolate preto (70% de cacau)
110 g de manteiga
3 colheres de sopa de creme de leite
1 colher de sopa de farinha
1 colher de sopa de amido de milho
50 g de açúcar mascavo
2 ovos

1. Preaqueça o forno a 200 °C (t. 6-7). Unte com manteiga e peneire com farinha (ou cubra com papel manteiga) 4 moldes e depois coloque-os em um tabuleiro coberto de papel manteiga.

2. Misture os ovos com o açúcar mascavo, bata até que a mistura se torne branca. Acrescente a farinha peneirada e o amido de milho, continue batendo.

3. Derreta o chocolate, a manteiga e o creme de leite em banho-maria.

4. Acrescente o chocolate à mistura composta de ovo, açúcar e farinha até obter uma massa bem lisa.

5. Encha os moldes de massa de chocolate, leve ao forno e asse por 6 a 7 minutos. Os bolos têm de estar muito macios ao toque. Desmolde e sirva em seguida.

Se você decidir acrescentar geleia ou qualquer outra iguaria ao chocolate é importante deixar a massa descansar na geladeira por no mínimo 1 hora antes de confeitar, a fim de torná-la mais compacta antes de utilizá-la.

4 variações sobre o Petit Gâteau de chocolate

Faça a massa do *Petit Gâteau* de chocolate (veja página anterior).
Despeje a massa em moldes individuais, untados com
manteiga e peneirados com farinha, até a metade,
acrescente depois da massa:

todo chocolate (CANTO SUPERIOR À ESQUERDA)
2 pedaços de chocolate preto

recheio de doce de leite (CANTO SUPERIOR À DIREITA)
1 colher de café de doce de leite

recheio de pralina (CANTO INFERIOR À ESQUERDA)
1 pedaço de pralina*

recheio de cereja preta (CANTO INFERIOR À DIREITA)
1 colher de café de geleia de cereja preta

Depois cubra com a massa até 2/3 dos moldes.
Asse conforme indicado.

*Em caso de problemas na hora da desmoldagem,
deixe os Petits Gâteaux esfriarem a fim de facilitar
a operação, depois coloque-os alguns segundos
no forno de micro-ondas para esquentá-los.*

* Em francês: *pralinoise*. Trata-se de uma pasta de amêndoas ou avelãs em que se adiciona o cacau.

PARA 4 PETITS GÂTEAUX • PREPARAÇÃO DE 10 MINUTOS • COZIMENTO DE 6 A 7 MINUTOS

Petit Gâteau de chocolate ao leite

150 g de chocolate ao leite
40 g de manteiga
1 colher de sopa de farinha
80 g de açúcar
3 ovos

1. Preaqueça o forno a 200 °C (t. 6-7). Unte com manteiga e peneire com farinha (ou cubra com papel pergaminho) 4 moldes. Depois coloque-os em um recipiente coberto de papel pergaminho.

2. Misture os ovos e o açúcar, bata até que a mistura torna-se branca. Acrescente a farinha peneirada e continue a bater.

3. Faça derreter o chocolate ao leite e a manteiga a banho-maria.

4. Adicione o chocolate à mistura ovo-açúcar-farinha até obter uma massa bem lisa.

5. Encha os moldes de massa de chocolate ao leite, leve ao forno e cozinhe por 6 a 7 minutos. Os bolos devem estar bem macios ao toque. Desmolde e sirva em seguida.

O tempo de cozimento define a consistência mais ou menos líquida do recheio.

4 variações sobre o Petit Gâteau de chocolate ao leite

Faça a massa do *Petit Gâteau* de chocolate
(veja página anterior).
Despeje a massa em moldes individuais, untados
com manteiga e peneirados com farinha, até
a metade, acrescente depois da massa:

todo chocolate (CANTO SUPERIOR À ESQUERDA)
2 pedaços de chocolate ao leite

recheio de Twix (CANTO SUPERIOR À DIREITA)
1/2 pedaço de Twix derretido e enrolado

recheio de pralina (CANTO INFERIOR À ESQUERDA)
2 caramelos moles e enrolados

recheio de Nutella (CANTO INFERIOR À DIREITA)
1 colher de café de Nutella

Depois cubra com a massa até 2/3 dos moldes.
Asse conforme indicado.

As combinações variam de um Petit Gâteau à outro...

PARA 4 PETITS GÂTEAUX • PREPARAÇÃO DE 10 MINUTOS • COZIMENTO DE 6 A 7 MINUTOS

Petit Gâteau de chocolate branco

130 g de chocolate branco
60 g de manteiga
2 colheres de sopa de creme de leite
3 colheres de sopa de farinha
1 colher de sopa de amêndoa em pó
75 g de açúcar
3 ovos

1. Preaqueça o forno a 200 °C (t. 6-7). Unte com manteiga e peneire com farinha (ou cubra com papel manteiga) 4 moldes. Depois coloque-os em um recipiente coberto de papel manteiga.

2. Misture os ovos e o açúcar, bata até a mistura tornar-se branca. Acrescente a farinha peneirada, a amêndoa em pó e continue a bater.

3. Derreta o chocolate, a manteiga e o creme de leite em banho-maria (o chocolate branco não deve aumentar muito de temperatura).

4. Acrescente o chocolate à mistura composta por ovo, açúcar e farinha até obter uma massa bem lisa.

5. Encha os moldes de massa de chocolate branco a 2/3, leve ao forno e asse por 6 a 7 minutos. Os bolos devem estar bem suaves ao tocar. Desmolde e sirva em seguida.

Você pode utilizar moldes de silicone, mas a desmoldagem será um pouco mais perigosa.

4 variações sobre o Petit Gâteau de chocolate branco

Faça a massa do *Petit Gâteau* (veja página anterior).
Despeje a massa em moldes individuais, untados com manteiga
e peneirados com farinha, até a metade, acrescente depois da massa:

todo chocolate branco (CANTO SUPERIOR À ESQUERDA)
2 pedaços de chocolate branco

recheio de groselha (CANTO SUPERIOR À DIREITA)
1 colher de café de geleia de groselha

recheio de nogado* (CANTO INFERIOR À ESQUERDA)
1 nogado (ou 1/2 Nougatti) derretido e enrolado

recheio de creme de castanhas (CANTO INFERIOR À DIREITA)
1 colher de café de creme de castanhas

Depois cubra com a massa até 2/3 dos moldes.
Asse conforme indicado.

Para variar os prazeres e descobertas, você pode fazer as massas com antecedência e colocá-las na geladeira (em um molde de silicone).

* Em francês: *nougat*. Trata-se de um torrone francês à base de amêndoas, açúcar e mel.

PARA 4 PETITS GÂTEAUX • PREPARAÇÃO DE 10 MINUTOS • COZIMENTO DE 7 A 8 MINUTOS

Petit Gâteau de caramelo

150 g de açúcar
6 colheres de sopa de creme de leite
100 g de manteiga meio salgada
4 ovos
140 g de farinha

1. Preaqueça o forno a 180 °C (t. 6). Unte com manteiga e peneire com farinha (ou cubra com papel manteiga) 4 moldes. Depois coloque-os em um tabuleiro coberto de papel manteiga.

2. Em uma panela, faça um caramelo com o açúcar e uma colher de sopa de água. Deixe cozinhar até obter uma bela coloração.

3. Acrescente a manteiga meio salgada e o creme de leite, deixe esfriar.

4. Acrescente em seguida os ovos e a farinha peneirada. Encha os moldes com massa à 3/4. Leve ao forno e asse por 7 a 8 minutos. Desmolde delicadamente e sirva em seguida.

Como em um recheio de chocolate, o tempo de cozimento define a consistência mais ou menos liquida do recheio de caramelo.

PARA 4 PETITS GÂTEAUX • PREPARAÇÃO DE 20 MINUTOS • 1 HORA NO CONGELADOR • COZIMENTO DE 10 MINUTOS

Petit Gâteau de pistache com recheio de marzipã

PETIT GÂTEAU DE PISTACHE
100 g de pistaches não salgados
1 colher de café de massa de pistache
1 ovo + 1 gema
100 g de açúcar em pó
70 g de manteiga
6 colheres de sopa de creme de leite

RECHEIO DE MARZIPÃ
10 marzipã tradicionais
3 colheres de sopa de creme de leite

1. Para os *Petits Gâteaux*, bata finamente os pistaches a fim de reduzi-los em pó. Derreta a manteiga no micro-ondas.

2. Misture o ovo e a gema com o açúcar em pó. Acrescente o creme, a massa de pistache e a manteiga derretida, depois deixe a massa esfriar.

3. Para o recheio, misture os marzipã e o creme de leite. Molde as bolinhas em suas mãos, depois coloque na geladeira durante uma hora.

4. Preaqueça o forno a 200 °C (t. 6-7). Unte com manteiga e peneire com farinha (ou cubra com papel manteiga) 4 moldes, depois coloque-os em um tabuleiro coberto de papel manteiga. Encha os moldes de massa até 2/3. Coloque no meio o recheio de marzipã. Leve ao forno e asse por 10 minutos.

O pistache combina muito bem com o chocolate,
então, não duvide em experimentar os
recheios de cacau neste Petit Gâteau.

PARA 4 PETITS GÂTEAUX • PREPARAÇÃO DE 20 MINUTOS • 30 MINUTOS DE REPOUSO • COZIMENTO DE 7 A 8 MINUTOS

Petit Gâteau de castanha

PETIT GÂTEAU DE CASTANHA
200 g de creme de castanha
50 g de pedaços de castanha glaçada
60 g de manteiga
2 ovos
30 g de farinha

RECHEIO DE CASTANHA
50 g de creme de castanha
1 colher de sopa de creme de leite

1. Para o *Petit Gâteau*, derreta a manteiga no micro-ondas. Bata os ovos em omelete, acrescente a manteiga derretida, a farinha e o creme de castanha. Acrescente os pedaços de castanha glaçada.

2. Para o coração, misture o creme de castanha e o creme de leite.

3. Unte com manteiga e peneire com farinha (ou cubra com papel manteiga) 4 moldes, depois coloque-os em um tabuleiro coberto de papel manteiga. Encha de massa até 3/4, depois coloque na geladeira por 30 minutos antes de utilizar.

4. Preaqueça o forno a 180 °C (t. 6). Tire os moldes da geladeira, acrescente ao centro de cada *Petit Gâteau* 1 colher de café de creme de castanhas. Leve ao forno e asse por 7 a 8 minutos. Desmolde delicadamente.

É natural acrescentar ao Petit Gâteau uma colher de chantilly e porque não alguns pedaços de merengue para torná-lo crocante... Delícia!

PARA 4 PETITS GÂTEAUX • PREPARAÇÃO DE 20 MINUTOS • 30 MINUTOS DE REPOUSO • COZIMENTO DE 7 A 8 MINUTOS

Petit Gâteau de amêndoa

PETIT GÂTEAU DE AMÊNDOA
100 g de amêndoa em pó
100 g de açúcar em pó
70 g de manteiga
6 colheres de sopa de creme de leite
1 ovo + 1 gema
Algumas gotas de amêndoa amarga

RECHEIO DE AMÊNDOA
50 g de massa de amêndoa
1 colher de sopa de creme de leite
25 g de chocolate branco

1. Para o *Petit Gâteau*, derreta a manteiga no micro-ondas. Misture os ovos, o açúcar e a amêndoa em pó. Acrescente o creme e a manteiga derretida. Depois acrescente algumas gotas de amêndoa amarga.

2. Despeje a massa em 4 moldes individuais ou em forminhas de papel, e deixe esfriar por 30 minutos.

3. Para o recheio, misture a massa de amêndoas com o creme de leite. Derreta o chocolate branco em banho-maria, depois acrescente o creme de amêndoa.

4. Preaqueça o forno a 180 (t. 6). Tire os moldes da geladeira e coloque no centro de cada *Petit Gâteau* 1 colher de café de recheio de amêndoa. Leve ao forno e asse por 7 a 8 minutos.

As frutas e a amêndoa se aliam sem nenhuma moderação; então uma colher de café de uma boa geleia caseira no recheio do Petit Gâteau e pronto, você já tem um novo bolo!

PARA UNS 20 RECHEIOS

Recheio de ganache

Outra maneira de obter um efeito cremoso consiste em preparar os recheios à base de chocolate: ganaches. Eles permitem várias combinações e podem ser preparados com antecedência. A técnica é a mesma com todos os chocolates (branco, preto ou ao leite).

1. Derreta o chocolate em banho-maria com o creme e o aroma. Misture para obter uma massa homogênea.
(CANTO SUPERIOR À DIREITA)

2. Molde as semiesferas de ganache em um molde de silicone (ou em uma forma de gelo). Coloque na geladeira conforme a receita.
(CANTO INFERIOR À ESQUERDA)

3. No momento de cozinhar, desmolde os recheios de ganache, forme uma bola com 2 semiesferas e coloque-a no meio da massa.
(CANTO INFERIOR À DIREITA)

RECHEIO DE FRAMBOESAS
200 g de chocolate branco
100 g de framboesas trituradas
50 g de molho (*coulis*) de framboesa

RECHEIO DE PISTACHES
200 g de chocolate branco
2 colheres de sopa de creme de leite
2 colheres de sopa de pasta de pistaches

RECHEIO DE CHOCOLATE BRANCO
200 g de chocolate branco
50 g de manteiga
2 colheres de sopa de creme de leite

RECHEIO DE CHOCOLATE PRETO
200 g de chocolate preto
70 g de manteiga
5 colheres de sopa de creme de leite

RECHEIO DE CHOCOLATE AO LEITE
200 g de chocolate ao leite
50 g de manteiga
4 colheres de sopa de creme de leite

PARA 4 PETITS GÂTEAUX • PREPARAÇÃO DE 20 MINUTOS • 1 HORA DE REPOUSO • COZIMENTO DE 6 A 7 MINUTOS

Petit Gâteau de chocolate preto com recheio de laranja

PETIT GÂTEAU DE CHOCOLATE PRETO
140 g de chocolate preto (70% de cacau)
110 g de manteiga
3 colheres de sopa de creme de leite
1 colher de sopa de farinha
1 colher de sopa de amido de milho
50 g de açúcar mascavo
2 ovos

RECHEIO DE LARANJA
60 g de chocolate ao leite
1 pouco de Cointreau (50 ml)
1 colher de sopa de creme de leite
10 g de casca ralada de laranja cristalizada
A casca de uma laranja

1. Para o recheio, derreta o chocolate ao leite, o creme de leite e o Cointreau em banho-maria. Corte finamente a casca de laranja e acrescente-a junto com a casca de laranja cristalizada ao chocolate derretido.

2. Molde as semiesferas de ganache nos moldes de silicone. Deixe esfriar por uma hora antes de usar.

3. Durante esse tempo, prepare o *Petit Gâteau*. Misture os ovos e o açúcar mascavo, bata até que a mistura fique branca.

4. Acrescente a farinha peneirada e o amido de milho, continue a bater.

5. Derreta o chocolate, a manteiga e o creme de leite em banho-maria.

6. Acrescente o chocolate à mistura composta por ovo, açúcar e farinha até obter uma massa bem lisa. Deixe a massa descansar durante 1 hora.

7. Preaqueça o forno a 200 °C (t. 6-7). Unte com manteiga e peneire com farinha (ou cubra de papel manteiga) 4 moldes. Depois coloque-os em um tabuleiro coberto de papel manteiga. Encha-os com massa. Coloque um recheio de laranja (2 semiesferas) no centro, apoiando ligeiramente. Leve ao forno e asse por 6 a 7 minutos.

PARA 4 PETITS GÂTEAUX • PREPARAÇÃO DE 20 MINUTOS • 1 HORA NO CONGELADOR • COZIMENTO DE 6 A 7 MINUTOS

Petit Gâteau de chocolate ao leite com recheio de Carambar

PETIT GÂTEAU DE CHOCOLATE AO LEITE
150 g de chocolate ao leite
40 g de manteiga
1 colher de sopa de farinha
80 g de açúcar
3 ovos

RECHEIO DE CARAMBAR
2 caramelos Carambar
2 colheres de sopa de creme de leite
50 g de chocolate ao leite

1. Para o recheio de Carambar, derreta em banho-maria os caramelos com o creme, e acrescente o chocolate ao leite.

2. Molde as semiesferas de ganache nos moldes de silicone. Deixe esfriar por uma hora antes de usar.

3. Durante esse tempo, prepare o *Petit Gâteau*. Misture os ovos e o açúcar, bata até que a mistura torna-se branca. Acrescente a farinha peneirada e continue a bater. Derreta o chocolate ao leite e a manteiga em banho-maria.

4. Acrescente o chocolate à mistura composta por ovo, açúcar e farinha até obter uma massa bem lisa.

5. Preaqueça o forno a 200 °C (t. 6-7). Unte com manteiga e peneire com farinha 4 moldes individuais, encha-os de massa. Despeje o recheio de Carambar (2 semiesferas) ao centro apoiando ligeiramente. Leve ao forno e asse por 6 a 7 minutos.

PARA 4 PETITS GÂTEAUX • PREPARAÇÃO DE 20 MINUTOS • 1 HORA NO CONGELADOR • COZIMENTO DE 6 A 7 MINUTOS

Petit Gâteau de chocolate preto com recheio de baunilha

PETIT GÂTEAU DE CHOCOLATE PRETO
140 g de chocolate preto (70% de cacau)
110 g de manteiga
3 colheres de sopa de creme de leite
1 colher de sopa de farinha
1 colher de sopa de amido de milho
50 g de açúcar mascavo
2 ovos

RECHEIO DE BAUNILHA
100 ml de leite
1 vagem de baunilha
1 ovo
2 colheres de sopa de açúcar
1 colher de sopa de farinha
10 g de manteiga
2 colheres de sopa de creme de leite

1. Para o recheio, bata o ovo com o açúcar até que a mistura torne-se branca. Acrescente a farinha peneirada.

2. Ferva o leite, a manteiga e a baunilha ralada. Despeje tudo nos ovos batidos, misture, leve à panela e cozinhe por 10 minutos, mexendo de vez em quando, até engrossar o creme. Coloque a baunilha.

3. Deixe esfriar o creme. Quando ele estiver morno, bata o creme de leite bem gelado até ficar bem firme. Adicione-o ao outro creme.

4. Molde as semiesferas de creme de baunilha em um molde de silicone, congele por 1 hora.

5. Durante esse tempo, prepare o *Petit Gâteau*. Misture os ovos e o açúcar mascavo, bata até que a mistura torne-se branca. Acrescente a farinha peneirada e o amido de milho, continue a bater. Derreta o chocolate com a manteiga e o creme de leite em banho-maria. Misture os dois até ficarem bem lisos. Deixe a massa descansar por 1 hora.

6. Preaqueça o forno a 200 °C (t. 6-7). Unte com manteiga e peneire com farinha os moldes de silicone, encha-os de massa. Coloque o recheio de baunilha (2 semiesferas) no centro, levemente apoiado. Leve ao forno e asse por 6 a 7 minutos.

PARA 4 PETITS GÂTEAUX • PREPARAÇÃO DE 20 MINUTOS • 1 HORA NO CONGELADOR • COZIMENTO DE 6 A 7 MINUTOS

Petit Gâteau de chocolate preto com recheio de café

PETIT GÂTEAU DE CHOCOLATE PRETO
140 g de chocolate preto (70% de cacau)
110 g de manteiga
3 colheres de sopa de creme de leite
1 colher de sopa de farinha
1 colher de sopa de amido de milho
50 g de açúcar mascavo
2 ovos

RECHEIO DE CAFÉ
½ xícara de café expresso
50 g de chocolate preto
1 colher de sopa de creme de leite

1. Para o recheio, derreta em banho-maria o chocolate preto, o café e o creme de leite.

2. Molde as semiesferas de ganache em um molde de silicone, deixe congelar por uma hora

3. Durante esse tempo, prepare o *Petit Gâteau*. Misture os ovos e o açúcar mascavo, bata até que a mistura torne-se branca.

4. Acrescente a farinha peneirada e o amido de milho, continue a bater.

5. Derreta o chocolate, a manteiga e o creme de leite em banho-maria.

6. Acrescente o chocolate à mistura composta por ovo, açúcar e farinha até obter uma massa bem lisa.

7. Preaqueça o forno a 200 °C (t. 6-7). Unte com manteiga e peneire com farinha (ou cubra com papel manteiga) 4 moldes, depois coloque-os em um tabuleiro com papel manteiga. Encha-os de massa. Coloque o recheio de café (2 semiesferas) no centro, levemente apoiadas. Leve ao forno e asse por 6 a 7 minutos.

PARA 4 PETITS GÂTEAUX • PREPARAÇÃO DE 20 MINUTOS • 1 HORA NO CONGELADOR • COZIMENTO DE 7 A 8 MINUTOS

Petit Gâteau de chocolate preto com recheio de framboesa

PETIT GÂTEAU DE CHOCOLATE PRETO
140 g de chocolate preto (70% de cacau)
110 g de manteiga
3 colheres de sopa de creme de leite
1 colher de sopa de farinha
1 colher de sopa de amido de milho
50 g de açúcar mascavo
2 ovos

RECHEIO DE FRAMBOESA
30 g de calda (*coulis*) de framboesa
30 g de chocolate branco
10 g de framboesas
2 colheres de sopa de creme de leite

1. Para o recheio de framboesa, derreta o chocolate branco em banho-maria morno, acrescente o creme de leite, a calda e as framboesas grosseiramente cortadas. Molde as semiesferas de ganache em moldes de silicone. Coloque por 1 hora no congelador.

2. Durante esse tempo prepare o *Petit Gâteau*. Misture os ovos e o açúcar mascavo, bata até que a mistura torna-se branca. Acrescente a farinha peneirada e o amido de milho, continue a bater. Derreta o chocolate, a manteiga e o creme de leite em banho-maria.

3. Acrescente o chocolate à mistura composta por ovo, açúcar e farinha até obter uma massa bem lisa.

4. Preaqueça o forno a 200 °C (t. 6-7). Unte com manteiga e peneire com farinha (ou cubra com papel manteiga) 4 moldes, depois coloque-os em um tabuleiro coberto de papel manteiga. Encha-os de massa. Coloque o recheio de framboesa (2 semiesferas) no centro, apoiando-o levemente. Leve ao forno e asse por 7 a 8 minutos.

A framboesa fresca é uma aliada desse prato: ela traz um toque de acidez para oferecer um bom equilíbrio.

PARA 4 PETITS GÂTEAUX • PREPARAÇÃO DE 10 MINUTOS • COZIMENTO DE 6 A 7 MINUTOS

Petit Gâteau de framboesa com recheio de chocolate preto

PETIT GÂTEAU DE FRAMBOESA
200 g de calda (*coulis*) de framboesa
50 g de framboesas frescas
3 ovos
2 colheres de sopa bem cheias de amido de milho
80 g de açúcar

RECHEIO DE CHOCOLATE PRETO
70 g de chocolate preto
20 g de manteiga
3 colheres de sopa de creme de leite

1. Para o recheio, derreta o chocolate preto em banho-maria com a manteiga e o creme de leite. Molde os ganaches em moldes de silicone, coloque no congelador por 1 hora.

2. Durante esse tempo prepare o *Petit Gâteau*. Corte grosseiramente as framboesas.

3. Bata os ovos com o açúcar, acrescente o amido de milho, a calda de framboesa e depois as framboesas.

4. Preaqueça o forno a 200 °C (t. 6-7). Unte com manteiga e peneire com farinha 4 moldes individuais, encha-os de massa a 2/3. Despeje em cada molde o recheio de chocolate preto, empurre-o levemente. Leve ao forno e asse por 6 a 7 minutos. Desmolde delicadamente.

Um pouco de queijo mascarpone ligeiramente adoçado, um pouco de canela, algumas sementes de coentro, e você estará encantado com o novo sabor.

PARA 4 PETITS GÂTEAUX • PREPARAÇÃO DE 20 MINUTOS • 1 HORA DE REPOUSO • COZIMENTO DE 10 MINUTOS

Petit Gâteau de chocobaunilha com recheio de chocolate ao leite

PETIT GÂTEAU DE CHOCOBAUNILHA
125 g de manteiga
110 g de farinha
90 g de açúcar
2 ovos
1 vagem de baunilha
40 g de cacau
100 ml de creme de leite

RECHEIO DE CHOCOLATE AO LEITE
100 g de chocolate ao leite
50 g de manteiga
2 colheres de sopa de creme de leite

1. Para a massa chocobaunilha, derreta a manteiga no micro-ondas, peneire a farinha, acrescente os ovos um a um, depois o açúcar e a manteiga derretida. Misture até obter uma textura lisa.

2. Divida a massa obtida em dois, acrescente as sementes de baunilha a uma das metades da massa.

3. Derreta o cacau no creme de leite quente, depois acrescente essa mistura ao resto da massa.

4. Despeje as duas massas em 4 moldes de silicone, depois coloque-as para esfriar por 1 hora.

5. Para o recheio, derreta o chocolate ao leite com o creme de leite e a manteiga. Molde as semiesferas de ganache em um molde de silicone, deixe congelar por 1 hora.

6. Preaqueça o forno a 200 °C (t. 6-7). Tire os moldes da geladeira e coloque o recheio de chocolate ao leite (2 semiesferas) no centro de cada *Petit Gâteau*, apoiando levemente. Depois leve ao forno e asse por 10 minutos.

PARA 4 PETITS GÂTEAUX • PREPARAÇÃO DE 20 MINUTOS • 1 HORA NO CONGELADOR • COZIMENTO DE 6 A 7 MINUTOS

Petit Gâteau de chocolate preto com recheio de pistache

PETIT GÂTEAU DE CHOCOLATE PRETO
140 g de chocolate preto (70% de cacau)
110 g de manteiga
3 colheres de sopa de creme de leite
1 colher de sopa de farinha
1 colher de sopa de amido de milho
50 g de açúcar mascavo
2 ovos

RECHEIO DE PISTACHE
100 g de chocolate branco
1 colher de sopa de massa de pistache
10 g de pistaches
3 colheres de sopa de creme de leite

1. Para o recheio de pistache, derreta o chocolate branco com a massa de pistache, os pistaches e o creme de leite em banho-maria morno (não deve aquecer muito o chocolate branco). Molde as semiesferas de ganache em moldes de silicone. Deixe congelar por 1 hora.

2. Durante esse tempo prepare o *Petit Gâteau*. Misture os ovos e o açúcar mascavo. Bata até que a mistura torna-se branca. Acrescente a farinha peneirada e o amido de milho, continue a bater. Derreta o chocolate, a manteiga e o creme de leite em banho-maria.

3. Acrescente o chocolate à mistura composta por ovo, açúcar e farinha até obter uma massa bem lisa.

4. Preaqueça o forno a 200 °C (t. 6-7). Unte com manteiga e peneire com farinha (ou cubra com papel manteiga) 4 moldes, depois coloque-os em um tabuleiro coberto de papel manteiga. Encha-os de massa. Coloque o recheio de pistache (2 semiesferas) no centro apoiando levemente. Leve ao forno e asse por 6 a 7 minutos.

A pasta de pistaches se consegue em lojas especializadas. De preferência, escolha uma pasta sem corante para evitar que a cor do recheio fique muito artificial.

PARA 4 PETITS GÂTEAUX • PREPARAÇÃO DE 20 MINUTOS • 1 HORA NO CONGELADOR • COZIMENTO DE 6 A 7 MINUTOS

Petit Gâteau de chocomenta

PETIT GÂTEAU DE CHOCOLATE PRETO
140 g de chocolate preto (70% de cacau)
110 g de manteiga
3 colheres de sopa de creme de leite
1 colher de sopa de farinha
1 colher de sopa de amido de milho
50 g de açúcar mascavo
2 ovos
1 colher de sopa de calda de menta branca

RECHEIO DE BAUNILHA E MENTA
100 ml de leite
1 vagem de baunilha
1 ovo
2 colheres de sopa de açúcar
1 colher de sopa de farinha
10 g de manteiga
7 colheres de sopa de creme de leite
6 folhas de menta fresca finamente cortadas

1. Para o recheio, bata o ovo com o açúcar até que a mistura torne-se branca. Acrescente a farinha peneirada.

2. Ferva o leite, a manteiga e a baunilha raspada. Despeje tudo nos ovos batidos, misture, coloque em uma panela e cozinhe a fogo baixo por 10 minutos, mexendo em seguida, até que o creme engrosse. Coloque a baunilha.

3. Deixe o creme feito esfriar. Quando o mesmo estiver morno, bata o creme de leite bem gelado até ficar bem firme. Acrescente ao outro creme com a menta.

4. Molde as semiesferas de creme em um molde de silicone, congele por 1 hora.

5. Durante esse tempo prepare o *Petit Gâteau*. Misture os ovos e o açúcar mascavo, bata até que a mistura torne-se branca.

6. Acrescente a farinha peneirada e o amido de milho, continue a bater.

7. Derreta o chocolate, a manteiga e o creme de leite em banho-maria.

8. Acrescente o chocolate à mistura composta por ovo, açúcar e farinha até obter uma massa bem lisa. Depois acrescente a calda de menta.

9. Preaqueça o forno a 200 °C (t. 6-7). Unte com manteiga e peneire com farinha 4 moldes individuais. Encha-os de massa. Acrescente o recheio de baunilha e menta (2 semiesferas) no centro, apoiando ligeiramente. Leve ao forno e asse por 6 a 7 minutos.

PARA 4 PETITS GÂTEAUX • PREPARAÇÃO DE 20 MINUTOS • 1 HORA NO CONGELADOR • COZIMENTO DE 7 A 8 MINUTOS

Petit Gâteau de castanhas com recheio de avelã

PETIT GÂTEAU DE CASTANHAS
200 g de creme de castanhas
50 g de castanhas glaçadas
60 g de manteiga
2 ovos
30 g de farinha

RECHEIO DE AVELÃ
50 g de pralina
2 colheres de sopa de avelãs em pó
2 colheres de sopa de creme de leite
10 g de manteiga meio salgada

1. Para o recheio, derreta a pralina, a manteiga e o creme de leite em banho-maria. Acrescente as avelãs em pó. Molde em um tabuleiro a mistura de avelã, deixe congelar por 1 hora.

2. Durante esse tempo prepare o *Petit Gâteau*. Derreta a manteiga no micro-ondas. Bata os ovos em omelete, acrescente a manteiga derretida, a farinha e o creme de castanhas, acrescente as castanhas glaçadas.

3. Unte com manteiga e peneire com farinha (ou cubra de papel manteiga) 4 moldes, depois coloque-os em um tabuleiro coberto de papel manteiga. Encha-os de massa até 3/4, depois coloque-os na geladeira por 30 minutos antes de cozinhar.

4. Preaqueça o forno a 180 °C (t. 6). Tire os moldes da geladeira, e coloque no centro de cada o recheio de avelã. Leve ao forno e asse por 7 a 8 minutos. Desmolde delicadamente.

Para uma desmoldagem perfeita, utilize moldes de aço inoxidável cobertos de papel manteiga.

PARA 4 PETITS GÂTEAUX • PREPARAÇÃO DE 20 MINUTOS • 1 HORA NO CONGELADOR • COZIMENTO DE 7 A 8 MINUTOS

Petit Gâteau de avelã com recheio de biscoito

PETIT GÂTEAU DE AVELÃ
80 g de avelã em pó
50 g de avelãs grosseiramente cortadas
5 biscoitos spéculos*
100 g de açúcar em pó
70 g de manteiga
6 colheres de sopa de creme de leite
1 ovo + 1 gema

RECHEIO DE BISCOITO
50 g de chocolate ao leite
2 colheres de sopa de creme de leite
15 g de manteiga meio salgada
1 biscoito spéculo

1. Prepare o *Petit Gâteau*. Bata os biscoitos até se tornarem pó. Derreta a manteiga no micro-ondas.

2. Misture os ovos, o açúcar em pó e o pó de avelã e do biscoito. Acrescente o creme, a manteiga derretida e depois as avelãs cortadas. Deixe a massa esfriar.

3. Para o recheio, derreta o chocolate ao leite, a manteiga e o creme de leite em banho-maria. Acrescente o biscoito spéculo grosseiramente cortado. Molde os ganaches em moldes de silicone, congele por 1 hora.

4. Preaqueça o forno a 180 °C (t. 6). Unte com manteiga e peneire com farinha (ou cubra com papel manteiga) 4 moldes. Depois coloque-os em um tabuleiro coberto de papel manteiga, encha-os à 2/3 com a massa, coloque o recheio de biscoito. Leve ao forno e asse por 7 a 8 minutos.

* Bolacha belga feita à base de manteiga, espécies, açúcar mascavo, farinha e fermento em pó.

PARA 6 PETITS GÂTEAUX • PREPARAÇÃO DE 20 MINUTOS • 1 HORA NO COLGELADOR • COZIMENTO DE 15 MINUTOS

Petit Gâteau de laranja com recheio de Grand Marnier

PETIT GÂTEAU DE LARANJA
75 g de farinha
50 g de semolina média
1/2 laranja
2 ovos
125 g de açúcar
125 g de manteiga
1/2 saco de fermento em pó

CALDA
1 laranja
50 g de açúcar mascavo
50 ml de Grand Marnier

RECHEIO DE GRAND MARNIER
75 g de chocolate branco
50 ml de Grand Marnier

1. Para o recheio, derreta metade do chocolate branco e o Grand Marnier em banho-maria. Misture. Molde as semiesferas de chocolate em moldes de silicone, depois deixe congelar por uma hora.

2. Durante esse tempo prepare o *Petit Gâteau*. Bata os ovos e o açúcar até que a mistura torne-se branca. Derreta a manteiga no micro-ondas.

3. Misture a farinha, o fermento em pó e a semolina, acrescente a manteiga derretida e a mistura composta por ovo e açúcar. Acrescente o suco e a casca de laranja. Depois deixe a preparação esfriar.

4. Para a calda, esprema as laranjas, reserve as cascas. Misture com o açúcar mascavo, ferva durante 5 minutos.

5. Preaqueça o forno a 180 °C (t. 6). Unte com manteiga e peneire com farinha 6 moldes individuais, coloque-os em um tabuleiro. Encha-os de massa à 2/3. Despeje em cada molde o recheio de Grand Marnier, empurre-o levemente. Leve ao forno e asse por 15 minutos aproximadamente.

6. Regue com calda de laranja ao tirar do forno. Desmolde uma vez que os *Petits Gâteaux* já estiverem frios.

Modifique os gostos e ouse novas combinações entre as frutas cítricas e os licores, como a toranja e o amaretto, o limão e o limoncello.

PARA 4 PETITS GÂTEAUX • PREPARAÇÃO DE 10 MINUTOS • 1 HORA NO CONGELADOR • COZIMENTO DE 10 MINUTOS

Petit Gâteau de gengibre com recheio de manga

PETIT GÂTEAU DE GENGIBRE
100 g de manteiga
110 g de açúcar
110 g de farinha
2 ovos
30 g de gengibre
1/2 saco de fermento em pó

RECHEIO DE MANGA
50 g de manga
1 colher de café de mel
50 g de chocolate branco

1. Para o *Petit Gâteau*, descasque o gengibre, rale-o. Derreta a manteiga no micro-ondas. Misture a farinha e o fermento em pó, acrescente os ovos, depois derreta a manteiga e o açúcar. Acrescente o gengibre ralado. Coloque na geladeira.

2. Para o recheio de manga, misture a manga e o mel. Derreta o chocolate branco em banho-maria morno, depois acrescente a manga no chocolate derretido. Molde as semiesferas de mistura de manga em moldes de silicone, congele por uma hora.

3. Preaqueça o forno a 180 °C (t. 6). Unte com manteiga e peneire com farinha (ou cubra com papel manteiga) 4 moldes, depois coloque-os em um tabuleiro coberto com papel manteiga. Encha-os de massa à 2/3 e coloque ao centro de cada molde o recheio de manga, leve ao forno e asse por 10 minutos. Deixe esfriar antes de desmoldar.

PREPARAÇÃO DE 10 MINUTOS • COZIMENTO DE 45 MINUTOS

Recheio de fruta

É a hora do lanche, é hora das crianças, é o momento de fazê-las felizes preparando massas de frutas, iniciando seu bolo favorito. Esta receita é para frutas como framboesa, morango, damasco...

500 g de frutas
500 g de açúcar

1. Cozinhe as frutas e o açúcar em uma panela de fundo grosso mexendo sem cessar, até que a preparação se desprenda do fundo: podemos ver o fundo da panela durante 3 a 4 segundos depois de passar a colher (45 minutos aproximadamente).

2. Despeje a massa de frutas em moldes de silicone ou em um tabuleiro coberto de papel manteiga. Deixe secar, depois corte em cubos retangulares e passe no açúcar.

3. No momento de cozinhar os bolos (ver página seguinte), coloque a massa de frutas na massa e cubra com um pouco de massa. Conserve a massa de fruta restante em um recipiente fechado.

Se não tem coragem de fazer você mesmo a massa de fruta, também funciona com a massa de seu confeiteiro preferido.

ESCOLHA FRUTAS DE ESTAÇÃO BEM MADURAS.

REVOLVA FREQUENTEMENTE PARA
QUE A PASTA NÃO GRUDE NO FUNDO.

SÃO MUITO PRÁTICAS AS CUBETEIRAS PARA
DIVIDIR SUAS PASTAS DE FRUTAS.

NÃO ENCHA OS MOLDES ATÉ O TOPO, POIS CORRE
O RISCO DE QUE A MASSA DERRAME.

PARA 6 BOLINHOS • PREPARAÇÃO DE 10 MINUTOS • COZIMENTO DE 10 MINUTOS

Bolinhos com recheio de fruta

BOLINHO
150 g de farinha
2 ovos
90 g de manteiga
4 colheres de sopa de creme de leite
50 g de açúcar
½ saco de fermento em pó

1. Derreta a manteiga no micro-ondas. Bata os ovos com o açúcar. Acrescente a farinha e o fermento em pó, e depois a manteiga e o creme de leite bem misturados para obter uma massa flexível.

2. Preaqueça o forno a 180 °C (t. 6). Despeje a massa em 2/3, em moldes de bolinhos individuais de silicone. Coloque um coração de fruta (veja página anterior) em cima, empurre-o levemente. Leve ao forno e asse por 10 minutos.

Conforme o recheio de frutas, você pode embelezar a sua massa:

recheio de framboesas (CANTO SUPERIOR À ESQUERDA)
Acrescente 50 g de framboesas frescas na base do bolinho.

recheio de morangos (CANTO SUPERIOR À DIREITA)
Adicione uma vagem de baunilla na base do bolinho.

recheio de amoras silvestres
(CANTO INFERIOR À ESQUERDA)
Acrescente a casca e o suco de 1 limão verde na base do bolinho.

recheio de damascos (CANTO INFERIOR À DIREITA)
Acrescente tiras de damasco fresco em cima do bolinho.

PARA 6 PETITS GÂTEAUX • PREPARAÇÃO DE 20 MINUTOS • 2 HORAS NO CONGELADOR • COZIMENTO DE 10 MINUTOS

Petit Gâteau de coco com recheio exótico

PETIT GÂTEAU DE COCO
180 g de coco ralado
100 g de açúcar
2 ovos

RECHEIO DE FRUTAS EXÓTICAS
100 g de frutas (manga, abacaxi)
50 g de açúcar
50 ml de rum preto

1. Descasque as frutas exóticas, misture em purê.

2. Derreta o açúcar em um pouco de água, espere até que fique branco. Acrescente o purê de frutas exóticas e acrescente o rum e flambe, deixe até que a mistura vire um molho.

3. Despeje a compota de frutas em 1/3 de pequenos moldes de silicone triangulares, depois deixe no congelador por 2 horas.

4. Durante esse tempo, prepare a base. Bata os ovos e o açúcar até que a mistura torne-se branca, acrescente o coco ralado.

5. Preaqueça o forno a 180 °C (t. 6). Desmolde o gelado de purê de fruta. Encha 6 moldes em 2/3 da mistura de coco, empurre um triângulo de frutas, depois cubra com a mistura. Leve ao forno e asse por 10 minutos.

PARA 6 PETITS GÂTEAUX • PREPARAÇÃO DE 1 HORA • 1 HORA NO CONGELADOR • COZIMENTO DE 10 MINUTOS

Petit Gâteau clafoutis com recheio de cereja

PETIT GÂTEAU CLAFOUTIS*
100 g de farinha
2 ovos
150 g de leite
100 ml de creme de leite
50 g de açúcar

RECHEIO DE CEREJA
100 g de cerejas
75 g de açúcar
50 ml de kirsch

1. Misture um a um os ovos à farinha, tome cuidado para não formar caroços. Acrescente o leite e o creme de leite até obter uma massa flexível.

2. Reparta 1/3 da massa em 6 moldes de silicone, depois leve à geladeira por 1 hora. Deixe o resto da massa esfriar.

3. Para o recheio de cereja, cozinhe-as com o açúcar e o kirsch em fogo baixo durante 1 hora para obter uma textura bem uniforme, deixe esfriar.

4. Preaqueça o forno a 200 °C (t. 6-7). Tire os moldes da geladeira. Despeje 1 colher de café de cereja cristalizada no centro de cada molde, depois cubra de massa. Leve ao forno e asse por 10 minutos. Desmolde delicadamente. Passe no açúcar.

A massa de base é a de um clafoutis: *a ideia é, realmente, mergulhar no seu recheio e se surpreender. Novamente, não deixe de provar outras variantes para que a receita obtenha sua marca pessoal.*

* Bolo francês de cerejas com uma massa à base de ovo, farinha, leite, manteiga e açúcar.

PARA 6 MUFFINS • PREPARAÇÃO DE 10 MINUTOS • 30 MINUTOS DE REPOUSO • COZIMENTO DE 10 MINUTOS

Muffins de pera com recheio de figo

MUFFIN DE PERA
200 g de farinha
150 g de açúcar
1/2 saco de fermento em pó
100 ml de creme de leite
30 g de manteiga
2 ovos
2 peras
O suco de 1 limão

RECHEIO DE FIGO
3 figos secos
1 figo fresco
50 ml de Armanhaque*
50 g de açúcar em pó

1. Descasque as peras. Corte a primeira em pequenos pedaços; misture a segunda com o suco de limão.

2. Misture a farinha, o fermento em pó e o açúcar, acrescente os ovos um a um, a manteiga derretida e o creme de leite, depois as peras em pedaços e em purê. Deixe a massa esfriar por 30 minutos.

3. Para o coração de figo, misture todos os ingredientes.

4. Preaqueça o forno a 180 °C (t. 6). Encha com massa 6 moldes, depois despeje no centro 1 colher de café bem cheia de figo. Leve ao forno e asse por 10 minutos.

* Brandy que se obtém do vinho branco seco. O vinho é originário de Armagnac, França.

PARA 6 MUFFINS • PREPARAÇÃO DE 20 MINUTOS • 1 HORA NO CONGELADOR • COZIMENTO DE 10 MINUTOS

Muffins tipo torta de limão

MUFFIN DE LIMÃO
200 g de farinha
150 g de açúcar
1/2 saco de fermento em pó
100 ml de creme de leite
30 g de manteiga
2 ovos
O suco e a casca ralada de 2 limões
100 ml de limoncello

RECHEIO DE LIMÃO
50 g de manteiga
75 g de açúcar
O suco de 1 limão
1 ovo
10 g de amido de milho

1. Esprema os limões e recupere as cascas.

2. Misture a farinha, o fermento e o açúcar, acrescente os ovos um a um, a manteiga derretida, o creme de leite e o limoncello, depois o suco e a casca do limão. Deixe a massa esfriar.

3. Para o recheio, derreta a manteiga, o açúcar e o suco de limão, acrescente o amido de milho e o ovo, misture até obter uma massa bem lisa.

4. Molde as semiesferas de creme de limão em um molde de silicone, deixe congelar por 1 hora.

5. Preaqueça o forno a 180 °C (t. 6). Encha os 6 moldes de massa, depois coloque no centro o recheio de limão. Leve ao forno e asse por 10 minutos.

PREPARAÇÃO DE 5 MINUTOS • COZIMENTO DE 10 MINUTOS

Os cremes ingleses

Receita básica
1 litro de leite
8 gemas de ovo
200 g de açúcar

1. Bata as gemas com o açúcar até que a mistura fique branca.

2. Deixe ferver o leite, despeje-o sobre os ovos e bata-os.

3. Despeje essa mistura em outra panela, cozinhe a fogo baixo por 10 minutos, mexendo regularmente (atenção: a temperatura do creme inglês não deve ultrapassar 85 °C).

4. O creme inglês é cozido quando a napa gruda na colher de madeira.

café (canto superior à esquerda)
Acrescente 2 expressos ao leite frio e regue algumas sementes de café moído.

chocolate (canto superior à direita)
Acrescente ao leite gelado três colheres de sopa de cacau em pó.

pistache (canto inferior à esquerda)
Acrescente ao leite gelado uma colher de sopa de patê de pistache. Regue de pistache cortado.

baunilha (canto inferior à direita)
Acrescente ao leite gelado uma vagem de baunilha e raspe as sementes.

Os chantillys e as caldas

Chantillys

Natural
500 ml de creme de leite misturado à 150 g de açúcar, coloque em sifão, deixe esfriar.

Carambar
Esquente 500 ml de creme de leite e 10 caramelos Carambar, coloque em sifão, deixe esfriar.

Frutas
Misture 500 ml de creme de leite e 200 g de puré de frutas, coloque em sifão, deixe esfriar.

Nutella
Esquente 500 ml de creme de leite e 150 g de Nutella, coloque em sifão, deixe esfriar.

Alcaçuz
Esquente 500 ml de creme de leite e 4 rolos de alcaçuz, acrescente 100 g de açúcar, coloque em sifão, deixe esfriar.

Calda
Misture 500 ml de creme de leite e 100 ml de calda (menta, orchata, granadina), coloque em sifão, deixe esfriar.

Calda de frutas

Damascos
Cozinhe 500 g de damascos, 150 g de açúcar em pó e 1 ramo de tomilho de limão durante 20 minutos, misture, sirva fresco.

Morango
Misture 300 g de morangos frescos, o suco de 1 limão, 6 folhas de manjericão, 50 g de açúcar em pó. Passe pelo escorredor chinês.

Framboesa
Misture 300 g de framboesas frescas, 50 g de açúcar em pó, 50 ml de creme de framboesa e o suco de uma laranja. Passe pelo escorredor chinês.

Mirtilo
Misture 300 g de mirtilo, 50 g de açúcar em pó e 100 ml de muscat de Rivesaltes*. Passe pelo escorredor chinês.

Pêssegos
Mergulhe 500 g de pêssegos em um grande volume de água fervente, descasque-os, reserve a sua carne, misture com 100 g de açúcar e um pouco de folhas de menta.

---

* Comuna francesa localizada em Languedoc-Rosellón, centro da produção de vinhos doces naturais com denominação da origem.

Petit Gâteau e outros bolinhos doces e cremosos
Paul Simon
Título original: Moelleux & coeurs coulants
Traduzido e adaptado ao português
por María Eugenia Deyá.

Primeira edição.

Catapulta
editores

Av. Donado 4694 - C1430DTP
Buenos Aires, Argentina.
E-mail: info@catapulta.net
Web: www.catapulta.net

ISBN 978-987-637-163-6

Impresso na China em dezembro de 2011.
Complemento feito na China.

Simon, Paul
   Petit Gâteau e outros bolinhos doces e cremosos. - 1a ed. - Buenos Aires : Catapulta Children Entertainment, 2012.
   76 p. + 4 aros de emplatar : il. ; 20x20 cm.

   Traducido por: María Eugenia Deyá
   ISBN 978-987-637-163-6

1. Cocina. 2. Libros de Recetas. I. María Eugenia Deyá, trad. II. Título.
   CDD 641.5

©2012, Catapulta Children Entertainment S.A.
©2009, Hachette Livre - Marabout

Foi realizado o depósito que determina
a lei N°11.723.

Livro de edição argentina.

*Não está permitida a reprodução parcial ou total,
a armazenagem, o aluguel, a transformação ou a
transmissão deste livro de qualquer forma ou por
qualquer meio, sem a autorização prévia e por
escrito do editor. Os infratores serão processados
na forma das leis 11.723 e 25.446.*